AF461586

OBSERVATIONS

SUR

LE LIVRE DE M. TOURET.

INTITULÉ:

Recherches & Doutes sur le Magnétisme Animal.

(2)

LETTRE

DE

M. A.*** à M. B.***,

UR le Livre intitulé : Recherches & Doutes ſur le Magnétiſme animal de M. THOURET.

Ce 22 Août 1784.

A BRUXELLES.

1784

AVANT-PROPOS.

QUE dit-on à Paris, & dans notre Société, mon cher Ami, du Livre de M. THOURET ? Pourquoi personne ne s'occupe-t-il d'y répondre ? Méprise-t-on assez cette attaque pour ne pas daigner la repousser ?

Vous n'oubliez pas, j'espère, que chargé par la confiance commune de la Société, de donner au Magnétisme animal tout le développement dont il est susceptible, il est de votre devoir d'écarter jusqu'au plus petit obstacle qui pourroit retarder l'opinion, ou l'empêcher de se former sur cette découverte importante.

Gardez-vous, sur-tout, mon cher Ami, d'obéir à l'impulsion foible de cet esprit calme & presque indifférent, qui ne présente aux hommes que les vérités qu'ils veulent bien prendre, & qui garde pour lui ſeul celles qui ne doivent régner qu'après de longs combats & des victoires ſanglantes. Cet eſprit, qui eſt celui des ames douces & honnêtes, qui tirent leur bonheur plutôt d'une vie exempte de reproches, que du plaiſir d'avoir fait le bien de beaucoup d'hommes, ne convient guère aux ames fortes & élevées, que le Ciel formées pour préparer, à travers les obſtacles de l'envie & des préjugés, la félicit des races futures, & qui, tourmentées du devoir de remplir leur deſtinée, attenden de la poſtérité la reconnoiſſance du bien qu'ils ont fait à leur ſiècle.

Avant que le Public puiſſe jouir des travaux qui vous occupent certainement, je vais vous envoyer les réflexions ſur le Livre de M. THOURET, telles qu'elles ſe ſont préſentées à mon eſprit en les liſant

La véracité en fera le mérite, ſi elles ſont bonnes; & l'excuſe, ſi elles ſon mauvaiſes.

LETTRE

DE

M. A.***, à M. B.***,

ŪR le Livre intitulé : *Recherches & Doutes sur le Magnétisme animal de M. Thouret.*

Ce 22 Août 1784.

PARLER de ce que l'on ignore, ignorer e que l'on doit savoir, lorsque l'on veut réter ou combattre un système, savoir ce qui ſt inutile à la question ; voilà ce qui m'est resté, ONSIEUR, du Livre de M. THOURET. Ce ivre vient de me tomber dans les mains en es lieux où j'exerce avec succès, loin de la apitale, ce talent sublime, dont la découverte oit assurer à M. Mesmer un long & respecieux souvenir dans la postérité. Quel homme ourroit, à ma place, entendre dire sans émotion, que le Magnétiſme animal n'exiſte pas; au moment même où une foule d'êtres malheureux, & ſoulagés ou guéris, béniſſent l'exiſtence de cette précieuſe découverte, & ſon reſpectable Auteur ! Ce motif ſeul ne m'a pas mis la plume à la main.

Je ſens, je l'avoue, Monſieur, que le Livre de M. Thouret a dû faire impreſſion dans la Capitale ; il eſt écrit avec ce ton calme & réfléchi, que l'on aime à trouver après des débats longs & animés, & que lon prend ſouvent pour la vérité, parce qu'il en eſt le langage parmi les ames droites & pures.

D'ailleurs, le nom de ſon Auteur ſemble prêter un appui à cette foule de gens, qu'une longue incertitude commençoit à fatiguer.

Je ne ſais pas ſi la réponſe que je vais faire aux Recherches & doutes, remplira parfaitement vos vues & les deſirs du Public. La plus grande véracité, oppoſée à l'ignorance des faits ; des aſſertions préciſes, oppoſées à des doutes vagues ; voilà comment j'eſſayerai de défendre notre doctrine, bien perſuadé que quelqu'un s'occupera un jour de ſuivre M. Thouret dans tous les détails d'érudition dont il a rempli ſon Livre, & dont mon éloignement de la Capitale ne me permet pas de m'occuper.

Si j'entreprenois de fixer l'opinion publique ſur une découverte importante, d'un intérêt général, ſoutenue de beaucoup de partiſans, annoncée comme devant ſoulager les maux de l'humanité, voici quelle ſeroit la marche que je croirois devoir tenir d'abord.

Je tâcherois de connoître particulièrement l'Auteur de cette découverte ; ſi ſon abord m'étoit trop difficile, j'y ſuppléerois en me mettant bien au fait de tous les moyens qu'il met en uſage, de ſa manière générale & particulière de procéder. Je diſtinguerois, dans les procédés qu'il employe, ce qui n'eſt que d'amuſement ou de curioſité, ou ce qui eſt eſſentiel, acceſſoire ou principal. Je parlerois ſur-tout des faits, parce que c'eſt aux faits qu'il faut toujours revenir, parce que ce ſont des guériſons qu'il faut produire, ou la Doctrine n'eſt que ſpéculative. Je ne dirois pas pour m'excuſer, que toutes les Pag. nouvelles méthodes de guérir citent des faits, parce que c'eſt un moyen bannal pour n'en examiner aucune ; & ſi quelques-uns de ceux que j'examinerois, paroiſſoient tenir à une Médecine purement expectative, je verrois ſi un très-grand nombre de maladies de tout genre, guéries & ſoulagées, ne prouvent pas une application plus immédiate & plus directe des forces de la nature. Je ferois peu de cas des écrits pour ou contre la découverte, à moins que les premiers n'ayent été avoués par son Auteur; je rejetterois ceux qu'il a rejettés, comme remplis d'erreurs. Enfin, dans le petit nombre de faits dont je rendrois compte, j'aurois attention d'y mettre la vérité la plus scrupuleuse.

Voilà ce que je ferois, si, pressé du desir de servir mes semblables, je croyois devoir les prémunir contre une erreur dangereuse qui peut influer sur leur existence.

Mais si j'occupois dans la société différentes places, & qu'elles m'imposassent la double obligation de connoître tout ce qui peut être utile au bien-être physique des hommes, & de juger souverainement de l'opinion que l'on doit avoir d'une nouvelle découverte qui se présente, je le dis sans exagération, je n'aurois aucun repos jusqu'à ce que j'aye connu le fond de la découverte sur laquelle je devrois prononcer, ou au moins tout ce qu'il est possible d'en savoir.

Les guérisons, sur-tout, me paroîtroient la chose la plus importante, parce que mon état me faisant un devoir d'être utile aux hommes, je préférerois beaucoup leur soulagement à l'instruction des Savans.

Si enfin je ne pouvois acquérir de lumières suffisantes

ffiſantes pour juger ſainement, je me tairois; laiſſerois au tems & au public à décider ntre des partiſans enthouſiaſtes & des détrac-urs réflechis.

M. Thouret a penſé bien différemment; il connoît ni M. Meſmer, ni ſa Doctrine : les rocédés qu'il employe & la claſſe des indivi-us qui s'y ſoumettent, & juſqu'à la manière ont les choſes les plus ſimples ſe paſſent hez lui, ſont ignorées de M. Thouret; il n'a it aucune démarche quelconques pour s'en ſtruire.

M. Thouret déclare formellement, qu'il ne arlera pas des faits ; il parle cependant de Pag. 15 cauſe & des moyens qui peuvent les pro-uire, ſans s'approcher, il eſt vrai, de ces eux objets, pour voir s'ils ont la moindre nalogie entre eux, comme entre une hydro-iſie, un ſommeil léthargique de quatre mois & imagination.

M. Thouret parle, dans pluſieurs endroits, es diſcours & des écrit des partiſans du Iagnétiſme animal, & M. Meſmer n'a jamais pprouvé que ceux qui ont paru ſous ſon nom. Bien plus, on cite les lettres de M. de Mont-oye, adreſſées au Journal, quoique M. Meſ- Pag. 6 ner ait formellement déclaré qu'elles conte- 37 & aut noient une multitude d'erreurs & d'absurdités.

Enfin, le but de l'ouvrage tout entier paroît être de prouver, que l'on a cru anciennement avoir des moyens de guérir les maladies, par des procédés extraordinaires; que ces moyens n'ont jamais existé, puisque les Auteurs qui les prônoient sont tombés dans l'oubli; qu'il en doit être de même de M. Mesmer, qui n'a pas plus de connoissances que les Auteurs que l'on a cités, qui y a puisé sa prétendue Doctrine; & si quelques Cures paroissent témoigner en faveur de cette Doctrine, elles ont été produites par des moyens qui n'appartiennent point à un systême particulier & à un ordre de choses différent de celui que l'on connoît.

D'après cet apperçu, il me semble que j'ai deux choses à prouver: d'abord, que M. Thouret a suivi la marche dont je viens de faire mention; & je dois prouver ensuite, que cette méthode l'a conduit à beaucoup de méprises & d'absurdités. Deux mots répondront au reste de l'ouvrage.

Je crois que nous sommes d'accord sur ma première assertion; savoir, que M. Thouret ne connoît ni M. Mesmer, ni sa Doctrine. Il conient lui-même qu'il n'en ſait que ce qui ſe trouve dans les écrits qui ont été publiés, & il eſt bien clair qu'elle ne ſe trouve dans aucun.

Je ne m'appeſantirai pas ſur les erreurs qui ont pu réſulter de ce défaut de connoiſſances, ni ſur la ſingularité d'annoncer que M. Meſmer doit faire connoître plus amplement ſa Doctrine, & de ne pas attendre ce moment, comme ſi le parti étoit pris dans tous les cas, de trouver le Magnétiſme animal une chimère. Je ſens que M. Thouret pourroit ſe couvrir de l'égide impoſant du bien public, & je paſſe à ma ſeconde aſſertion ſur les procédés.

Celle-ci paroît, au premier coup d'œil, plus difficile à ſoutenir. Comment prouver que M. Thouret ne connoiſſe pas les procédés de M. Meſmer, lorſqu'ils ſe trouvent preſque tous énoncés dans ſon livre? En effet, être ſoumis à une action d'un autre individu, médiate ou immédiate; ou même ſans aucun corps intermédiaire, être autour d'un réſervoir ou d'un arbre magnétiſé, faire la chaîne: voilà à peu près à quoi ſe réduit la forme extérieure des procédés.

Mais d'abord on ſent aiſément que, ſans être guidés par l'expérience ou par une théorie ſûre, on doit attendre peu ou point d'effets de pareils moyens ; que la théorie qui apprend la forme préciſe de pareils procédés, apprend en même tems à les rendre efficaces ; qu'elle impoſe à celui qui les employe, la néceſſité de les varier, ſuivant les occaſions ; & que les circonſtances où ſe trouvent les malades, & juſqu'à leur poſition locale, exige un changement total dans l'application.

On conçoit aiſément quelles mépriſes peuvent naître de cette connoiſſance très-ſuperficielle, ou plutôt de cette ignorance entière des procédés Magnétiques.

De ce que M. Meſmer raſſemble chez lui ſes malades, & les traite en commun, & de ce qu'il convient que l'exercice eſt néceſſaire à ge 133. la ſanté, on pourra dire *que les malades ne doivent leur guériſon* qu'au déplacement qu'ils ſont obligés d'éprouver pour venir ſe faire traiter.

De ce qu'il exiſte quelques jeunes femmes chez M Meſmer, & de ce que M. Deſlon touche celles qui vont chez lui, l'on pourra dire que la manière d'agir ſur elles eſt *de les chatouiller ou de comprimer certains rameaux des nerfs.* L'on fera plus, toujours en continuant de ſe méprendre, & pour fortifier cette dernière aſ-

ertion ſur une multitude prodigieuſe de gens
uéris ou ſoulagés, l'on ne fera mention que
e ceux ou celles qui ont des criſes; comme Pag. 2[illegible]
i ce phénomène étoit le ſeul qui préſentât le 240.
Magnétiſme animal, & qu'un lait répandu,
e ſcorbut, une taye dans l'œil n'étoient pas
lus difficiles à guérir, que de produire une
criſe; & ce dernier effet-là même, on oubliera qu'il ſe produit ſans aucun attouchement, & par tous les moyens Magnétiques.

S'il exiſte chez M. Meſmer des perſonnes
enſibles & nerveuſes, ſur leſquelles l'imagination peut agir, l'on ne ſe ſouviendra pas
qu'ils forment à peu près le rapport d'un à
cinquante, dans les différens traitemens, &
l'on dira que l'imagination eſt le grand moyen Pag. 1[illegible]
d'agir.

Alors, profitant du beau champ que l'on s'eſt donné, mais ſur-tout du plaiſir de paroître remplir un devoir envers l'humanité, l'on rapportera tous les effets de l'magination chez les hommes, & ſur-tout chez les femmes. L'on parlera des convulſionaires & des poſſédés, ſans expliquer les convulſions & les poſſeſſions; l'on répétera cette hiſtoire ſi connue & ſi touchante du malheureux Urbain Grandier, pour avoir le droit d'y ajouter cette

phraſe révoltante pour qui vous connoît
157. mon cher Maître, *mais enfin avec moins d*
ſcelerateſſe, &c.

L'on reviendra enſuite ſur ſes pas, & l'o
conviendra que M. Meſmer employe des agen
ordinaires, & même ceux de la Médecine com
mune, tels que les bains, la crême de tartre
ſans ſonger que M. Meſmer a dit vingt fois
qu'il ordonnoit la crême de tartre, comme i
ordonnoit des poulardes : cet acide, extrême
ment léger, convient, ſelon lui, à preſqu
toutes les maladies, dont le principe eſt preſqu
toujours une tendance trop forte à l'alkaliſa
tion ; & quant aux autres remédes, il eſt dé
terminé par des principes ſûrs à les applique
avec une retenue & une juſteſſe bien rares dan
la médecine.

L'on continue toujours à ſe méprendre ; &
102. après avoir parlé de la tranſpiration, comm
un moyen qui peut avoir une action, mais qu
ne peut pas expliquer l'action de M. Meſme
ſur les corps éloignés ou ſéparés de lui pa
une cloiſon, un mur, l'on oublie, deux page
plus bas, qu'il faut nier ou réfuter cette aſſer
tion de M. Meſmer, & l'on dit tranquille
205. ment : *qu'il ne faut pas recourir au Magné*
tiſme animal, expliquer les effets produits pa

M. Mesmer, puisque c'est d'agir de loin qui fait le vrai caractère Magnétique, & qu'ici il y a contact immédiat.

L'on revient ensuite aux effets de l'imagination, & toujours par une méprise incroyable, l'on parle uniquement des personnes très-sensibles, sur lesquelles, dit-on, il est facile d'agir par des gestes, un appareil imposant, sans nous instruire de la force de ces grands moyens sur les yeux d'un enfant, d'un paysan, ou sur le bras paralysé d'un homme de 50 ans.

Pag. 2

Voilà les facheux effets de l'ignorance, & voilà l'exactitude que l'on met dans un livre que toute la France doit lire, qu'elle attend pour fixer ses idées sur la découverte la plus importante peut être qui ait jamais existé, qu'elle doit sur-tout lire avec confiance, parce qu'elle doit supposer l'auteur instruit de tout ce qu'il doit savoir.

Je sais bien que les réflexions de M. Thouret ne sont présentées que comme des doutes; mais je sais aussi que d'après ces Messieurs mêmes, il n'est permis qu'au peuple de douter, & que sur des choses qui le touchent de si près, c'est aux Médecins, & aux Sociétés fondées pour éclairer le public, à décider ou à ſe taire. Quoi ! lorſque la Société Royal de Médecine toute entière aura approuvé l'ou vrage d'un de ſes membres, & l'aura en quel que façon adopté, le public pourra encor être incertain d'après le livre même qui de voit le déterminer ! que deviennent donc ſe fonctions !

Que devient donc l'orgueil des ſavans n'exiſte-t il plus ? auroit-il appris enfin à reſ pecter la Nature, plutôt qu'à lui donner de Loix ? Non : mais il veut perſuader ; il pren devant le public, dont il deſire gagner le ſuf frage, l'humble attitude d'un plaideur, juſ qu'à ce qu'il rentre dans les fonctions de Jug qu'il s'eſt arrogées, pour diriger d'une mai deſpotique les rênes de l'opinion.

Paſſons, Monſieur, à une autre aſſertion qui eſt celle-ci : M. Thouret ne connoît n l'eſpèce, ni les différentes claſſes d'individu qui viennent chez M. Meſmer, ni même le choſes les plus ſimples qui s'y paſſent. J'a déja répondu à ce que l'on dit ſur les criſes ; ſans doute elles exiſtent ces criſes, & ſont pour le petit nombre de ſujets qui les éprouvent, le ſeul moyen qu'ils ayent de ſe guérir ; mais outre que peu de perſonnes y ſont ſujettes, jamais elles n'ont incommodé ou fatigué,

C

e qui prouve qu'elles entrent dans le plan uratif de la Nature même.

Quiconque a lu avec attention le livre des Recherches & doutes, a dû y puiser cette idée du traitement Magnétique.

M. Mesmer rassemble chez lui tous les matins un grand nombre de jeunes femmes désœuvrées, qu'il occupe agréablement pendant quatre u cinq heures ; il leur présente de gens amusans qui les dissipent, des gens aimables qui es intéressent ; lui-même joue supérireuement le l'Harmonica, ou du Piano, & le charme le ses sons, joints à l'harmonie d'un Orchestre placé convenablement, acheve de les enyvrer, & de les tirer avec délices de cet état apathique & langoureux, fruit ordinaire des grands plaisirs & de leur satiété. Des fers mystérieusement arrangés, des gestes, un appareil imposant, présente un autre genre d'épreuve, & donne à l'ame de nouvelles émotions ; & il est aisé de voir qu'il peut résulter de-là des convulsions.

Page 215 & *tres.*

La conclusion est de M. Thouret : quant à moi, je ne serois pas étonné que l'on en attendit d'autres effets. L'on a entendu parler de ce temple du Docteur Anglois, je crois presque en voir ici la description.

C

Homme ſimple & bon, votre ſurpriſe ſûrement égalé la mienne, ſi vous avez lu l endroits de l'Ouvrage de M. Thouret, qui pa lent de votre traitement; qu'avez-vous lorſque l'on vous y repréſente monté ſur d trétaux, *diſtribuant à votre gré la ſanté & l maladies, purgeant, affligeant de la dia*
ag. 177, *rhée, tourmentant d'une vive & douloureu*
63. *colique, les individus ſoumis à votre action*

Vous avez ri, peut-être, de la main ou d la tête exagératrice, à qui l'on doit le table ridicule de votre établiſſement; mais moi j dois répondre à M. Thouret, & voici comm je le fais.

J'atteſte ici tous ceux que le hazard, leu infirmités, ou le bien de l'humanité ont conduit chez M. Meſmer, de me dire s'ils reconnoiſ ſent ſon traitement dans le portrait que j'a tiré de M. Thouret; ſi au contraire les choſe ne s'y paſſent pas avec cette ſimplicité, cett monotonie, ſymboles du calme de l'eſprit & des ſens; ſi, à l'exception de la premiere foi que l'on ſe met au réſervoir, on voit jamai la moindre altération, le moindre mouvemen ſe produire ſur la phyſionomie des malades. Il eſt bien vrai que cet hyver, ayant réuni chez lui près de trois cents perſonnes, il s'y eſt

uvé quelques jeunes femmes, mais le très-
nd nombre a toujours été des hommes,
tôt après qu'avant cinquante ans.

C'est à ce propos que l'homme vertueux &
airé, à qui M. Mesmer a confié son traite-
nt gratuit, disoit avec cette candeur qui
caractérise : si M. Thouret m'eût fait l'hon-
ur de me venir voir, je l'aurois reçu avec
aucoup de plaisir ; il auroit vu que sur cent
alades, à peu-près, je n'ai pas six jeunes fem-
es, que le reste sont des hommes ou des fem-
es qui ont plus de soixante ans, qui éprou-
nt les soulagemens les plus grands du Mag-
tisme animal, & dont plusieurs sont guéris,
us sans musique, sans gestes, & par l'appa-
il fort peu imposant du réservoir.

J'attesterai encore, que c'est contre le gré
M. Mesmer, que quelques-uns de ses Elèves
sont permis de toucher des malades chez
i ; l'inspection de son traitement, au moment
i je l'ai quitté, doit servir à prouver mon
ssertion.

Ces faits, & beaucoup d'autres, sont entié-
ement inconnus à M. Thouret ; peut-être,
il en eût été informé, auroit-il proposé d'au-
es doutes contre notre systême ; qui sait même
i l'idée lui en fut venue, s'il avoit vu claire-

ment que le contraire de ce qu'il paroît croire & vouloir persuader, est exactement & rigoureusement vrai, & que loin que l'imagination serve au Magnétisme animal, elle est le plus grand obstacle à son action bienfaisante.

En effet, cette faculté si prisée dans les Arts & dans la Société, qui couvre des charmes de l'illusion, les peines & les tourmens de la réalité, n'existe jamais qu'au détriment de celui qu'elle paroît embellir ; elle est déjà une maladie dans l'individu.

Elle est dans les hommes la réunion dans un même point d'un grand nombre de forces qui devroient être divisées : le premier emploi du Magnétisme animal ou de la Nature, étant de ramener chaque partie de notre être à la place qu'elle doit occuper ; qui ne voit que la tâche est ici mille fois plus pénible, que de rectifier une seule partie qui se sera dérangée ?

Mais je vois bien que M. Thouret se payeroit difficilement des preuves de ce genre ; preuves d'ailleurs que je ne pourrois amener au dernier degré d'évidence, que par le développement entier de votre systême. Mais voici une réponse qui me paroît sans replique.

Parmi un grand nombre de gens estimables, qui ont concouru à propager votre Doctrine

France, il en eſt peu à qui la reconnoiſſance la Société en ſoit plus légitimement dû qu'à de Puiſégur. M. le Marquis de Puiſégur, é de M. le Comte Maxime ſon frere, a bli dans ſa terre de Buzancy, près Soiſſons, traitement, qui, réuniſſant des avantages 'il vous a été impoſſible de trouver à Paris, produit des effets prodigieux ſur les malades i s'y ſont ſoumis. La liſte des guériſons a é imprimée, elle eſt nombreuſe, preſque us ſont Payſans.

Autre réponſe. M. le Marquis de Tiſſart, fficier aux Gàrdes, a également établi chez i à Beaubourg, un traitement Magnétique; en a obtenu des ſuccès les plus étonnans.

Il n'exiſte peut-être point de ſpectacle plus ait pour intéreſſer un homme ſenſible, que e traitement de Beaubourg. Dans un verger gréable & vaſte, ſous trois ou quatre gros rbres, qui entretiennent l'ombre & la fraîcheur ſur de la paille & des banquettes, on voit raſſemblées plus de cent cinquante perſonnes, dont beaucoup d'enfans, preſque tous venus de dix à douze lieues, tous tranquilles & modérés; la joie & la reconnoiſſance ſe peignent ſur ces viſages, que la fatigue & la peine ont marqué de leur burin profond. Ils n'y font pas un long séjour, pour la plupart trois ou quatre jours, quelquefois huit ou dix les renvoyent chez eux délivrés des incommo dités les plus longues & les plus fâcheuses le Seigneur du château, sans apprêt, comm sans inquiétude, ne paroît que pour mainteni l'ordre & recevoir l'hommage le plus pur qu soit jamais sorti de la bouche des hommes.

Il a un peu ajouté à la beauté champêtre d l'endroit, en bâtissant une cabane auprès, dan laquelle il reçoit le nom & la description de maladies de ceux qui se présentent.

La Cour & la Ville affluent journellemen dans ce séjour, sans que ce concours, qu'attir la proximité de la capitale, ait rien diminu de la simplicité qui y regne.

Vous avez été jouir, mon cher Maître, de c spectacle si doux pour votre ame bienfaisante vous y avez oublié les chagrins que vous ca sent des ennemis acharnés, des détracteurs ignorans ou intéressés & l'insipide écho des gens oisifs.

Ces plaisirs me sont également connus ; il font le plus grand bonheur que j'aie goûté dans ma vie.

O vous, Habitans de.... qui devez la santé à mes soins & au génie d'un grand homme,

prenez que tout ce que je fais est mot pour
t dans Maxwell, & si ce trait d'érudition
us touche peu, sachez que vous ne devez
sage, retrouvé de vos membres qu'à l'imagi-
tion active qui vous tourmente.

Ou plutôt venez, gens simples & droits, venez
prendre à un Docteur de deux Sociétés Mé-
cinales, qu'il existe un principe formateur
s êtres, qui les conserve, les fait agir, les
pare, les rétablit; que c'est sur-tout dans un
r pur & dans une campagne riante qu'il exerce
uissamment son empire; la Ville, ses plaisirs,
s peines, ses excès troublent son cours & le
rise en mille manières, il ne reprend sa di-
ction que par l'action lente & continuée d'un
ouvement égal, à laquelle, à la longue, il
st forcé d'assimiler son propre mouvement.

Cette leçon ne lui sera pas inutile : voici
a conséquence qu'il en tirera & que mon
œur me dicte, toute sévère qu'elle est; qui-
onque n'a pas vu Buzancy ou Beaubourg, ne
loit pas se permettre de parler sur le Magné-
isme animal.

M. Thouret en parle cependant; & après
avoir borné à peu près ses effets à ne pro-
luire que des crises, il explique en plusieurs
ndroits de son ouvrage, comment ces espèces

de convulſions peuvent ſe produire : ceci éta la théorie de M. Thouret, il me ſemble qu n'entre pas dans mon plan de la combattr puiſque je n'ai qu'à défendre la vôtre.

J'ai prouvé, je crois, que la manière legè dont M. Thouret a enviſagé le Magnétiſn animal, a beaucoup d'inconvéniens ; & quo

Page 8. qu'il diſe *qu'il y a des choſes qu'il vaut mieu voir de loin que de près, l'on a pu remarqu qu'il* en eſt réſulté des mépriſes très-fort qui l'ont conduit à des réſultats faux & r dicules.

Il me ſemble qu'il m'eſt permis, d'après cela de tirer de cette concluſion : ſi le livre de M Thouret ne contient véritablement que de doutes, il ne ſignifie abſolument rien ; car d quelle choſe ne peut-on pas douter, ſur-tou lorſque l'on n'en eſt pas inſtruit ?

Si ce ſont des objections réfléchies, préſen tées pour combattre un ſyſtême, comme or ne peut gueres s'empêcher de le croire, & comme pluſieurs perſonnes, dans le public, l'en tendent, à ce que l'on me dit ; *alors*, M. Thouret aura combattu une Doctrine, ſans en connoître un mot ; aura voulu en juger par les procédés qui en dérivent, ſans les connoître ; aura parlé des individus qui s'y ſoumettent, &

de

la manière dont ils s'y ſoumettent, ſans la connoître; aurá enfin ignoré tout ce qui pouvoit lui ſervir à découvrir la vérité. Voyons maintenant ſi ce qu'il a véritablement connu lui a appriſe.

Mais avant cela, parlons de quelques abſurdités que le défaut d'inſtruction a fait attribuer par M. Thouret, à M. Meſmer, ou à ſes Elèves.

Que veut dire, par exemple, l'hiſtoire de l'épée, & le conte abſurde de la bague, dont la Société a fait un article de ſon rapport? M. Thouret prétend-il les attribuer au Magnétiſme animal? & ſur quel fondement? J'ai entendu dire à M. Meſmer, que l'un étoit un conte de bonne femme, & l'autre un fait que la Phyſique la plus ſimple pouvoit expliquer.

Qui a jamais dit encore à M. Thouret, *que les Partiſans*, (c'eſt les Elèves qu'il veut dire) de M. Meſmer, *ſe ſervent de tiges de fer, qu'ils tiennent élevées pour puiſer, à ce qu'ils prétendent, le fluide univerſel dans l'atmoſphère, & qu'ils croyent auſſi, quand il ſurabonde, pouvoir le rejetter dans le réſervoir commun?* Page Cette phraſe qui n'eſt que ridicule, & faite pour rapprocher la Doctrine de M. Meſmer de celle des anciens, qui fixoient le fluide univerſel dans de certains corps, des amulettes, des

talifmans, tandis que M. Mefmer ne s'eft jama
fervi de rien de femblable.

Il eft bon de relever ces abfurdités, que
ques légères qu'elles foient. C'eft par u
multitude d'inventions puériles attribuées a
Magnétifme animal, que l'on parviendra
confondre un fyftême raifonnable & entier
ment phyfique, avec une infinité de fyftêm
d'Ecclestifme, de Théofophie, &c. qui s'introdu
fent maintenant dans le monde; & qu'il e
peut-être facile de détruire.

Une obfervation de M. Thouret, qui paro
cependant mériter attention, en ce qu'ell
femble d'abord bien fondée, & qu'elle peu
donner lieu à des conféquences fauffes, c'e
ce qu'il dit de la vertu oppofée au Magnétifm
animal.

Cette propriété étonnante eft annoncée da
les propofitions de M. Mefmer, avec la bonne-fo
d'un homme de génie, qui ne prévoit pas les r
fources de l'adreffe & de l'efprit; mais on peu
fuppléer à ce qui paroît manquer aux propofitio
de M. Mefmer, en affirmant comme une chof
certaine, ce que je lui ai entendu dire bien
des fois, que les fujets doués de cette propriété
étoient extrêmement rares, n'en ayant trouvé
que trois dans fa vie, dont un étoit un chien,

n'en ayant jamais rencontré en France. Mais une chose sur-tout auroit dû empêcher M. Thouret de tirer les conséquences qu'il tire de l'antipathie, & de la sympathie; de prétendre que M. Mesmer, en parlant des sujets anti-magnétiques, s'est réservé le moyen d'expliquer pourquoi il n'agissoit pas sur tous les individus; c'est la dix-neuvieme proposition, où M. Mesmer dit formellement, que la vertu opposée est une vertu positive, & que non-seulement elle rend ceux qui la possedent incapables des effets du Magnétisme, mais qu'elle détruit ces effets dans les êtres qui les entourent. Pag. 2

Me voici enfin arrivé à cette partie du Livre de M. Thouret à laquelle il est sûrement le plus attaché, parce qu'elle lui a coûté le plus de peine; je veux dire, de ce rapprochement vraiment rempli d'érudition, de la découverte du Magnétisme animal, des differens écrits cités dans la brochure: quelques réflexions générales vont précéder l'examen très-court que j'en ferai.

Et d'abord, quel homme de bon sens n'a pas dit, en lisant les 150 pages que M. Thouret emploie à penser, que la Doctrine de M. Mesmer est dans Maxwell? que m'importe? Vous êtes payé, M. Thouret, non pour me dire ſi cette ſcience eſt ancienne, mais ſi elle e bonne, ſi elle a été rejettée de gens qui ſ prétendoient ſavans; mais ſi l'on doit la rejette Il eſt évident que ſi les procédés Magnétique guériſſent des gens, que la Médecine ordinair déclare incurables, il faut leur donner la préférence, quand même Santanelli, Maxw en auroient parlé.

Si le Magnétiſme animal eſt une fauſſeté qu'importe où elle ſe trouve? il faut la reje ter; ſi c'eſt une vérité, n'eſt-il pas naturel qu pluſieurs perſonnes l'ayent découverte : & da ce dernier cas, prenez y garde, ſi par motif, qui porte à abaiſſer les vivans, v voulez priver M. Meſmer de la gloire d'avo fait une grande découverte, arrangez-vou Alors Maxwell, Santanelli, Paracelſe, Va helmont, tous ceux qui en ont parlé, tous c gens que les Savans regardent en pitié, vo redevenir de grands hommes; & dans tout changement, la Faculté & la Société de Méd cine reſtent toujours à leur place.

Mais, pour trancher toute difficulté, vo le dilemme que je propoſe à M. Thouret: v recherches prouvent que le Magnétiſme a mal a été connu de Maxwell, &c. Alors ou Doctrine y eſt toute entiere, ou elle n'y annoncée. Dans le premier cas, pourquoi l'avez-vous pas cette doctrine, & pourquoi endez-vous que M. Mesmer la fasse con-être plus amplement ? Dans le second, il est ident que M. Mesmer n'a pas pu l'y trouver. n ne peut pas connoître le mérite d'une èce, en voyant l'affiche. Il me paroît diffi-le de sortir de ce cercle. (*a*)

Mais non, vous attendez prudemment que découverte du Magnétisme animal, *qui a* Page 1
onné pendant un siecle une opinion domi-ante .... qui a donné lieu à une foule d'écrits & de dissertations que l'on a recueillis dans les ouvrages très nombreux, & qui, chose tonnante, n'a été connue dans ce siecle que e M. Mesmer seul, vous soit dévoilée pour a deviner. Alors elle sera dans tous les livres, -peu-près comme l'Esprit des loix se trouve dans tous les Dictionnaires.

(*a*) Les gens honnêtes ne pourront pas se refuser à cette réflexion: C'est que quand la doctrine de M. Mesmer seroit toute entière dans Maxwell, sa gloire n'en seroit pas diminuée. La rhubarbe existe sûrement dans la nature; & s'il étoit vrai qu'elle guérît de quelque chose, celui qui l'administreroit le premier, mériteroit nos hommages. C'est par l'application générale que l'on donne à un effet utile, que l'on est grand, plus que par la simple découverte.

Vous vous contentez de nier, d'un côté, que M. Mesmer ait aucun moyen d'agir; & de l'autre, vous prouvez que ce moyen, qui n'existe pas, a été très-connu des anciens.

Pour moi je vais prouver quelque chose d'aussi étonnant que cela, si c'est possible cependant : c'est que les procédés du Magnétisme animal ont été connus de tous tems, & qu'il est même physiquement impossible qu'ils ayent été ignorés. Pour cela, reprenons les choses d'un peu plus haut (*b*).

Le Magnétisme animal, que M. Thouret appelle l'agent de M. Mesmer, n'est point un agent proprement dit; il est une modification du Magnétisme universel; c'est ce fluide qu'on peut appeller l'ame du monde, qui est la cause de toutes les formes & de toutes les propriétés de la matiere. M. Thouret, qui desireroit voir & sentir le Magnétisme animal, sera peut-être surpris d'entendre dire, qu'il ne peut éprouver aucune sensation, par les yeux, les oreilles, ou le simple tact, sans sentir & voir le Magnétisme universel.

(*b*) M. Thouret demande pourquoi le Magnétisme animal n'est sensible que sur les animaux? J'aimerois autant qu'il demandât pourquoi le Magnétisme minéral n'est sensible que sur les minéraux?

Le principe qui nous anime, & nous conduit, ne nous est pas sensible dans notre état ordinaire; nous sommes alors parfaitement assimilés à son mouvement, & par là il devient insensible, de même que celui de la terre pour tous les habitans, & celui d'une riviere pour un homme qui en suit le fil dans un bateau. C'est par-là que l'on explique, pourquoi un homme en parfaite santé est insensible à l'action du Magnétisme animal.

Mais lorsque l'équilibre est troublé, alors l'action du principe, se portant inégalement sur les différentes parties, devient sensible : plus l'inégalité est grande, & plus la sensation est forte.

Maintenant l'homme, ainsi que les animaux, est doué de l'instinct par lequel il connoît ce qui lui est utile ou nuisible. Cette faculté précieuse est altérée & presque détruite, par notre éducation, & la culture des facultés intellectuelles. On la retrouve chez les sauvages, & ses traces ne sont pas entierement effacées dans l'homme policé, sur-tout lorsqu'il est malade.

C'est alors qu'il semble rentrer sous les loix de la Nature, & qu'il devient capable de reconnoître les moyens d'ajouter, de suppléer, de concentrer l'action générale de la Nature dont l'effet pourroit être lent & même insuffisant. Nul doute alors, & des expériences multipliées le prouvent, qu'il ne puisse connoître les procédés magnétiques, qui ne sont que l'application plus directe du principe même de la Nature.

Des observations faites sur des malades ont pu former, à la longue, une sorte de théorie-pratique, dont l'origine & les bases auront été oubliées. Et voilà pourquoi M. Mesmer disoit en 1779, dans son mémoire, que presque toutes les opinions vulgaires étoient des restes d'une vérité primitivement connue.

Quant à la théorie de M. Mesmer, il me semble qu'aucun auteur n'en a parlé d'une maniere précise ; elle n'existe nulle part rassemblée. Semblable à l'attraction, à la circulation du sang, & à toutes les grandes découvertes, elle a été pressentie avant d'être connue à fond.

Si quelque chose pouvoit me fortifier dans cette maniere de penser, ce seroit de voir l'inutilité des efforts presque incroyables que M. Thouret a fait pour trouver toute la doctrine de M. Mesmer dans Maxwell ; efforts qui vont jusqu'à la puérilité. Car si Maxwell se plaint

qu'il

s'il est persécuté. M. Thouret ne manque pas de saisir cette ressemblance avec M. Mesmer; ressemblance, à la vérité, commune à tous ceux qui annoncent de grandes vérités ou de grandes erreurs.

Si M. Mesmer présente sa découverte comme une science qui a ses principes, ses conséquences & sa doctrine, Maxwell, de même, *prétendoit établir sa doctrine par des conséquences & des principes.* On voit que la ressemblance est frappante.

Si M. Mesmer magnétise des arbres, M. Thouret dit, sans le prouver, que c'est dans Maxwell: il n'y a pas jusqu'à l'harmonica que M. Thouret prétend trouver dans le Pere Kircher, sans le prouver, il est vrai. Page 8

Tous les Philosophes de tous les siécles, Newton lui-même, ont admis un fluide, principe de la lumiere, de la cohésion, de l'élasticité, &c. M. Thouret refuse à M. Mesmer la possibilité d'avoir découvert, de lui-même, l'existence de ce fluide, & il en attribue la connoissance à Maxwell.

De ce que les mouvemens de M. Mesmer sont répétés par une autre personne dans une chambre voisine, M. Thouret conclut, *qu'il agit autant sur le moral que sur le physique.* 68.

Nouvelle reſſemblance avec Maxwell, bi
prouvée comme l'on voit.

'age 37. M. Meſmer admet l'exiſtence d'une ver
oppoſée au Magnétiſme, qu'il dit expreſſéme
être poſitive ; M. Touret en fait un Magnétiſn
négatif, & de-là il enfile la diſtinction d
anciens, de ſympathie & d'antipathie, &
tous mots inintelligibles, & qui par-là peuve
reſſembler à tous.

73. Maxwell preſcrit les médicamens confort
tifs, comme une ſuite de ſon ſyſtême ; M. Me
mer n'en a jamais parlé, quoiqu'avec le mêm
76. ſyſtême, ſuivant M. Thouret.

77. L'un & l'autre font peu de cas de la Méde
cine ordinaire ; autre reſſemblance qui leur e
particuliere.

81. M. Thouret prétend que M. Meſmer mani
83. feſte ſon action par des ſenſations particulieres
& dit que Thomas Sympath. en faiſoit autant
il m'eût étonné bien davantage, s'il m'eût dit qu
l'on pouvoit agir ſans ſenſation.

87. Je ne vois rien dans M. Meſmer qui ai
rapport à la recommandation de Maxwell ſu
la ſueur ; les Lettres de M. de Montjoye, qu
l'on cite, ſont ridicules.

De ce que les anciens ont rêvé ſur les pro
priétés du ſuccin, de la poudre de ſympathie

que M. Mesmer n'en a jamais parlé, il s'en- Page 97
't que sa Doctrine est dans les anciens.

Je sens que l'on pourroit pousser beaucoup us loin les réflexions sur le rapprochement 'a fait M. Thouret de la Doctrine de M. esmer, qu'il ne connoît pas, & de celle des aciens, dont il nous rapporte seulement les étentions, sans nous en donner aucune idée; ais ce travail ne me convient gueres. Je n'ai is besoin que l'on me persuade que M. Mes-er ait trouvé sa Doctrine dans sa tête; la aniere dont il la possède, & dont il l'expli-e, me le prouve assez; & je n'ai pas les oyens nécessaires pour le prouver aux au-es (a).

Je finirai ces observations par celle-ci que bien ès gens trouveront singuliere, & qui me paroît

---

(c) M. Thouret prétend que M. Mesmer est l'Elève de assner. Alors, quel auroit été le Maître de celui-ci? Les echerches & Doutes paroissent être la compilation de tous s contes que l'oisiveté & l'ignorance ont inventé. Quant à assner, voyez ce qu'en a dit M. Mesmer, dans son Mé-oire sur le Magnétisme animal. Il paroît que c'étoit un fa-atique, qui joignoit une multitude de pratiques supersti-euses à un petit nombre de procédés Magnétiques que le asard lui avoit découverts. J'en ai expliqué plus haut la ossibilité.

de la plus haute importance. Personne n'ignore comme dans les disputes vives, l'état de la question change aisément ; ici, par exemple où il s'agit de savoir, si les hommes, & surtout ceux que les institutions politiques ont le plus maltraités, ont enfin un moyen de diminuer les maux physiques qui les accablent, & si tous peuvent être ramenés à la Nature : l'on pourroit bien finir par disputer seulement pour savoir jusqu'à quel degré ce moyen a été connu dans l'antiquité.

L'on sait assez que les Savans aiment mieux une vérité qui semble appartenir à celui qui en fait la recherche, que celles qui doivent être le patrimoine du genre humain, de l'ignorant, comme de celui qui a pali sur les Livres.

N'oublions pas une leçon de ce genre que nous avons reçu à la fin du dernier siécle leçon terrible pour tous ceux qui veulent disputer sur des mots : quatre-vingt mille lettres de cachet distribuées, parce que l'on prétendoit que cinq propositions étoient dans un gros Livre inconnu ; le feu de la division allumé d'un bout de la France à l'autre ; tous les maux qu'entraîne un schisme ; l'Etat même, & tous les Corps politiques & Religieux, divisés su question la plus futile. Tout nous prescrit plus grande modération dans les disputes, c sur-tout d'en bien déterminer l'objet.

Aujourd'hui que la question est de la plus rande importance, on auroit tort de dire que e pareils malheurs ne sont plus à craindre; s tiennent à ce besoin qu'ont les hommes upérieurs aux autres, de former un parti, & es individus bornés, à s'y attacher. Peut-être iennent-ils à cette facilité qu'ont les hommes se balancer entre deux extrêmes, sans jamais ouvoir se maintenir au milieu, & à cette loi énérale de l'équilibre, qui régit les empires, le même que les êtres physiques, & qui veut que lorsqu'une force se produit, une autre se roduise en même tems, pour balancer la remiere.

Tâchons, d'après cela, de nous former une idée juste de l'ouvrage de M. Thouret. Lecteurs onnêtes & éclairés, si son Livre vous a séduit, si vous croyez le Magnétisme animal une chimère, qu'un homme habile a fait valoir pour tromper des gens simples, vous verrez dans le Livre de M. Thouret, un préservatif contre une innovation dangereuse; vous y verrez aussi une courageuse opposition à des idées funestes par les effets, & attrayantes par leur nouveauté.

Mais si vous avez reconnu une manière de raisonner, plutôt captieuse que juste & loyale une envie de persuader, plutôt par la façon dont on écrit, que par les choses que l'on écrit des attaques réfléchies, sous le prétexte de doutes modestes: bien plus encore, si d'heureuses circonstances vous ont placé près de ces établissemens champêtres, où des hommes honnêtes exercent ce sublime pouvoir de la bienfaisance & de l'humanité, n'hésitez pas de prononcer avec moi, que la legereté la plus impardonnable, ou des motifs qu'on ne peut soupçonner parce qu'ils seroient affreux ont dicté cet écrit; pesez un moment les difficultés que M. Mesmer a éprouvé, & ce qu'il a fait; jugez de ce qu'il auroit pu faire dans des circonstances plus heureuses.

Songez qu'il a eu à combattre les préjugés recus, les Corps savans qui les protégent, l'empire formidable des Médecins, la résistance inquiete du zèle religieux; & que ces obstacles n'eussent été rien encore, sans d'autres qu'il ne peut divulguer.

La réflexion suivante n'échappera pas, j'esère, aux hommes ſenſés qui me liront ; c'eſt ue dans l'intention de détruire entierement la octrine du Magnétiſme animal, M. Thouret aroît s'être chargé de diſcréditer dans le Pulic les procédés du Magnétiſme animal, & ſyſtême auquel ils paroiſſent appartenir ; &, ela, je prie de le remarquer, au moment ême que des Commiſſaires nommés par le ouvernement, & chargés d'examiner des aits chez un homme qui n'eſt pas M. Meſner, dans un ordre de choſes qui n'eſt pas elui que M. Meſmer auroit choiſi ; des faits, 'ailleurs, qui exigent la lenteur & la ſuite des bſervations, plus, peut-être, que la fineſſe & pénétration de l'eſprit ; qui prêtent, par leur ature & par la diverſité des ſyſtêmes à une ultitude d'explications différentes ; où ces Commiſſaires, dis-je, dont on connoît d'ailleurs la lumière & l'honnêteté, n'oſeront pas orter un jugement déciſif & favorable, & où eur jugement ſeroit dans tous les cas récuable, parce que pour juger un homme & les aits qu'il propoſe, il faut les voir chez luimême.

On ſent bien que je ne parle pas ici de la ropriété inaltérable qu'aſſuroit à M. Meſmer la découverte de ſon ſyſtême, ni des plaint légitimes qu'il a pu former, en voyant u injuſtice ſcandaleuſe devenir preſque légitim par la conduite & les démarches des gens q devroient connoître & reſpecter juſqu'a ſcrupules de l'honneur & de la probité.

Conclurez-vous de tout ceci, Monſieur, q le livre de M. Thouret ſoit ſans mérite ; croirois le jugement trop rigoureux. Il a mérite ſûrement, c'eſt de nous faire connoît celui de l'Auteur : il eſt difficile de penſe d'après ſon ouvrage, qu'il ſoit un Médecin ord naire ; ſes vues ſur la nature des maladies ſur l'effet des remèdes paroiſſent élevées grandes ; il paroît qu'il admet & connoît mên l'effet d'un grand nombre de cauſes dans les ph nomènes produits par les remèdes de l'art : qui annonce un eſprit étendu & réfléchi.

D'ailleurs on voit qu'il eſt exempt du cha latániſme d'un grand nombre de Médecins qui meſurent leur ſcience par le nombre drogues dont ils connoiſſent l'emploi. Rien
age 137. ſi rare que d'entendre un Médecin avouer, *q les voyages, les eaux priſes à des ſources élo gnées, les avantages d'une vie active & exercé les plaiſirs de la bonne Société..... ne for ment-i*

ènt-ils pas entre des mains habiles ; & par le onseil de gens adroits, toute la Médecine es gens du monde (a). Et plus bas ; *combien e malades se trouvent peut-être mieux de la ourse qu'ils font chez leurs Médecins ; que es avis qu'ils y reçoivent.* Page 18

Que dit M. Mesmer, de mieux que cela ? Ne dit-il pas, que l'on feroit mieux de laisser gir la nature, toute seule, que de la troubler par les remèdes dont on ne connoît gueres l'application ? Et que fait-il lui-même avec le Magnétisme animal, que de déterminer plus particuliérement l'action même de la nature ur les individus malades ? Et faute de trouver quelque chose qui rende mieux mon idée, j'emprunterai de M. Mesmer lui-même cette comparaison : *Une aiguille non aimantée, mise en mouvement, ne reprendra que par hazard une direction déterminée ; tandis qu'au contraire, celle qui est aimantée, ayant reçu la même impulsion, après différentes oscillations proportionnées à l'impulsion & au Magnétisme*

Mém sur la couver Magné me ani page 1

(a) Qui prouve trop, ne prouve rien. Si c'est-là toute la Médecine, celle qu'on trouve chez les Apothicaires, seroit donc une attrape ? Cela pourroit être cependant.

*qu'elle aura reçue, retrouvera ſa premiere po-
ſition, & s'y fixera.*

Que l'on approfondiſſe bien cette compa-
raiſon, cela ſeul ſert à expliquer ou à rendre
probable la Doctrine de M. Meſmer, aux yeux
de ceux qui n'en ſont pas inſtruits.

F I N.

www.ingramcontent.com/pod-product-compliance
Ingram Content Group UK Ltd.
Pitfield, Milton Keynes, MK11 3LW, UK
UKHW021035180726
13838UKWH00004B/1819